Itinérances d'une pèlerine en quête de Dieu

Flavienne Sapaly

Itinérances d'une pèlerine en quête de Dieu

Recueil

ISBN : 979-10-422-0899-8

Préface 1

Certains poèmes ont la saveur du silence. Ils ne parlent pas du silence ; parler du silence, c'est encore parler…

Non, ces poèmes-là, ils répondent à notre désir, comme un filet d'eau vive ou comme une herbe humide dans la proximité du fleuve…

Il n'y a que certaines paroles du Christ qui se tiennent ainsi, au plus près du silence :

« Le Père et Moi nous sommes Un », disait-Il.

« Habituellement » il y a le silence, le souffle, le son, le chant, la parole, les mots… puis encore les mots…

Ou alors « mystérieusement » : les mots, la parole, le son, le souffle, le silence…

Le poème n'est là que pour ce retour…

Si la cible est le feu, la flèche s'y consume…

Flavienne Sapaly, toute sa vie est là, dans ces mots, pour nous le dire…

Jean-Yves Leloup

Préface 2

L'expérience de la quête spirituelle est un chemin d'iti-n-errances fait de creux et de bosses à traverser.

Depuis ce jour en 2002, où j'ai exprimé dans un état second « je suis une enfant de Dieu », j'allais chercher ma route, comme le petit poucet scruta les petits cailloux pour rentrer chez lui.

Qui est ce Dieu dont je serais l'enfant ?

J'étais athée et avais rejeté toute forme de religion à la suite d'épreuves mal accompagnées par l'institution religieuse à laquelle ma famille était plus ou moins reliée.

Dans ma quête, plusieurs voies pédestres de pèlerinage allaient contribuer à ma démarche intérieure, pour aboutir en 2017 à mon baptême en Terre sainte : je disais enfin « Oui » à cette rencontre avec le Christ et m'engageais plus profondément, accompagnée par l'orthodoxie française, voie mystique de la chrétienté.

En 2019, les premiers poèmes ont surgi en moi : une voix me susurrait des mots qui avaient une musique, une vibration, une résonance avec mon cœur.

Je propose ici trente-trois de ces textes, qui retracent les méandres et les joies de ce chemin orienté vers les profondeurs de mon cœur.

Un chemin soumis à votre contemplation pour que quelques instants nous puissions nous rejoindre dans les doutes et les grâces de nos paysages de vie. Un chemin où l'on n'est jamais « arrivé » mais où, petit à petit, on devient disciple de la vie.

En ces temps troublés, être au monde comme un pèlerin est une voie à part entière ouverte à toutes les personnes, quel que soit leur foi religieuse, leur spiritualité ou leur athéisme. Un court texte en fin de ce recueil en précise les contours.

Je n'ai pas assez de mots pour remercier ceux qui contribuent à éclairer ma route : Père Marin, évêque de l'orthodoxie française, Jean-Yves Leloup (père jean séraphin), prêtre orthodoxe philosophe, et Annick de Souzenelle, dont les enseignements ont bercé mon âme.

Flavienne Sapaly

Courir

Je cours !
Non que je sois débordée ou préoccupée d'une chose urgente
Je cours par habitude de courir
Toujours un truc à faire
Et vite si possible
Ça ressemble à l'excitation d'un petit enfant débordé d'émotions
Ça part dans tous les sens comme un chien qui cherche son os
Ça s'agite comme un poisson rouge frétillant dans son bocal en tournant en rond
Et ça m'énerve d'être comme ça

Je voudrais détendre la corde de l'arc bandé
Me dégager dans la mesure même où je me suis engagée sans compter.
Trouver la distance qui donne un regard libre sur les événements
Fuir pour rejoindre la source cachée de toute chose
Prendre le temps de vivre amicalement avec moi-même
Me hâter de rien

Disparaître même
Pour laisser la vie me pénétrer
Et enfanter ce qui veut naître

Qui est ce personnage en moi qui court sans cesse,
Si ce n'est une enfant perdue qui cache sa douleur de n'être pas ?

Alors je partis en chemin, en courant !

Sortir de l'impasse

Un jour l'ornière devient une évidence
Quel est ce corps de tristesse qui me tient éloigné de la joie ?
Quel est ce radoteur qui dit « à quoi bon », « c'est comme ça la vie »
Quel est cet orgueil qui simule le bonheur et se prend pour un sachant de la vie

Un jour on sait qu'on n'est plus sur le bon chemin
Un jour quitter devient l'unique possible
S'arracher au ventre de nos habitudes
Lâcher les certitudes et sécurité qui nous étouffent

Quitter un job qui n'a plus de sens,
Quitter un lien puant la mort,
Quitter un lieu sans racines saines
Quitter les pensées qui nous assassinent
Quitter les attentes d'absolus appartenant à d'autres
Quitter notre « identité narrative » pour accéder à notre identité réelle,
Quitter c'est grandir

Sortir de l'impasse pour ouvrir la porte au nouveau
Ainsi commence la voie du cœur

Moments de brume

Dans les moments où la vie nous susurre qu'il serait
temps de nous arracher à nos ancres du quotidien
Ces moments où l'on sait qu'on doit changer quelque
chose mais où on ne trouve nulle trace du nouveau chemin
Dans les moments où ça résiste car tout notre espace
intérieur est encombré de mélodies dissonantes qui
cherchent une symphonie unifiée
Ces moments où les maux ne mentent pas et se font mots de
l'âme en bas parleurs d'un appel à laisser mourir l'ancien

Alors est probablement venu le moment
De ralentir
De se poser
De s'autoriser la rêverie en fixant les flammes d'un feu
qui ne demande qu'à s'embraser,
D'ouvrir notre regard à des paysages inconnus aux
habitants fantômes longtemps ignorés
D'écouter les désirs d'un cœur trop souvent assourdi par
les bruits du monde et le souci d'exister
Et trouver une nouvelle assise en même temps qu'une
lumineuse liberté.

Naître à nouveau c'est se recevoir d'ailleurs,
Se découvrir habité d'une présence silencieuse qui veut naître en nous.
Loin de la cacophonie ambiante,
Accepter qu'en surface rien n'avance et que rien n'est pour autant gelé.

C'est le moment d'exprimer un vrai « oui » à cette semence féconde qui nous fait mère de notre propre enfantement
Un moment au-delà du temps pour cheminer dans la brume vers un inconnu, aube d'un hiver au parfum de printemps
C'est le moment de s'abandonner au creux des ailes de l'ange béni sous l'éclat de Sa puissance, notre lumière source de vie

L'inévitable traversée

Nous luttons longtemps pour éviter les douleurs qui ont fermé nos cœurs,
Et la vie se charge de nous les resservir comme une mère force son enfant à manger un plat dont il ne veut vraiment pas.

Nous le savons un jour
Nous devons abdiquer

Nombreux nous sommes à avoir élaboré de merveilleuses stratégies pour échapper à la coupe de nos misères
Nous avons prétendu être forts et courageux quand pourrissaient en nous les déchets de nos histoires
Trop inodores pour pouvoir soulever le couvercle du composteur intérieur.
Mais à l'heure du grand rendez-vous avec soi-même

Nous le savons un jour,
Nous devrons traverser

Alors nous consentons à chuter dans les eaux
tumultueuses d'un désespoir non résolu
Telle la morsure du serpent dont le venin se diffuse lentement
Nous laissons le poison de l'angoisse envahir nos poitrines
Nouer nos gorges à nous en faire vomir
Et imposer la jachère de nos cerveaux agités

Nous le savons un jour
Traverser est la seule issue

Quand enfin nos corps exsangues des ultimes secousses
se sentent proches de l'état d'une orange dont on a retiré
tout le jus
Nous pouvons remercier ces instants où la vie nous
ramène aux lieux enkystés de notre pauvreté

Nous le savons un jour
Nous avons traversé

Mais pourquoi s'imposer cela me direz-vous ?
Parce que sur l'autre rive… nous sommes impatiemment
attendus par la vie

Entré par effraction

Christ est venu
Il est entré par effraction
Forçant l'étau de mon esprit étriqué
Au moment où je maudissais ceux qui en parlaient tant

C'était juste après la mort de mon père
Dans une abbaye
À l'aube de l'enfer des haines et non-dits
Qui allaient se muter en guerres intestines à l'occasion des héritages

Il est venu tandis que j'avais fermé la porte de ma cellule
Refusant tout contact avec ces gens tombés petits dans la marmite des chrétiens
Je les jugeais avec mépris et suffisance
Je les trouvais ridicules dans leurs façons de s'adresser à un dieu extérieur

En ce temps-là, les textes sacrés crissaient à mon oreille
Je ne trouvais aucune paix aux psaumes moralisateurs
Aucun lien avec la vie d'ici-bas
Aucun sens à cet Amour proclamé qui se finit sur une croix

Moi je cherchais la source de toute vie
Je cherchais ce Dieu dont je me savais « fille »
Je cherchais ce qui avait creusé une faille dans mon cœur
si fier de sa force
Je cherchais l'origine du pouvoir de délivrance de mes
larmes sans raison

Quand il parut dans ma peinture
Face resplendissante de lumière
Défiant la forme animale dont il voulait m'extirper
J'ai su que le Christ venait à ma rencontre

Il dut revenir plusieurs fois
Briser le reflet de moi-même
Extirper la femme de ses doutes
Et des ombres qui m'hypnotisaient

Le Christ est entré par effraction
Et depuis lors, joue à cache-cache
Comme l'amoureux attise notre désir
En se faisant mystérieux.

Front au sol

Poème du dimanche soir, solstice et nuit noire :
Si je pouvais, je me jetterais aux pieds de la croix
Front au sol et corps nu sur la terre nue
Pour signifier au monde ma petitesse
Devant l'immensité de l'amour qui me met au monde

Ça vibre sous le chapiteau de mes enkystements
Ça gronde et ça combat pour sortir de ma coquille
Ça veut échapper, élaguer, épurer et ça ne veut pas
Ce n'est pas tranquille les ténèbres de l'enfantement

La petite en moi n'a toujours pas renoncé
À une main humaine qui viendrait la sauver
Mais aujourd'hui mon être appelle ce sain (t) « au secours »
Pour prendre un appui certain sur le divin amour

Je sens l'appel à naître à ce « je suis »
Gisant érotiquement au creux de ma vie
Mes reins crissent à sa douce vibration
Lui, cet Autre aimé, qui m'aime sans condition

Se recevoir d'ailleurs

On le sait, du moins avec la tête
Qu'il est temps de cesser le combat
Quand au terme d'un long voyage à chercher ce qui ne se trouve nulle part
On découvre que tout était déjà là

On sait qu'on ne sait rien et que si nous pouvions lâcher le contrôle de nos vies
Comme on laisserait un cheval nous reconduire à l'écurie
Nous serions plus disponibles à entendre, voir et sentir avec le cœur, ce que la vie nous dit déjà

Oui mais voilà !
Ça résiste
Et c'est cela que le voyage nous enseigne
Lorsqu'à force de chercher la destination idéale,
Nous nous égarons

Revenir au silence
Être sans attente
Laisser le mouvement nous saisir

Depuis le dedans du corps
Et sauter dans l'expérience sans souci de la destination
Se recevoir de là où on ne connaît pas

À cette étape de mes voyages,
Je renonce même à attendre cela

Vouloir que tout soit autrement

Je voulais que tout soit autrement
Dans le grand monde qui n'a pas son pareil
Pour nous clouer des ailes aux pieds
Et des fusils au bout des oreilles.

Mais ce monde c'est le nôtre,
Je l'ai bâti autant que toi
Et je trouve les nuits si belles
Quand elles m'apportent des rêves de foi,

À l'heure des brumes où le bleu devient noir,
Dans les rues vides et blanches où chaque jour c'est dimanche
Je transforme mes bras en de longues et belles branches
Pour les oiseaux perdus dont je suis l'offertoire

Je me cherche où je ne suis plus
Et je me trouve où jamais je n'aurais cru
Fenêtre ouverte sur une vie simple et sans défaut
Où battraient sous ma poitrine un cœur et un sang chaud

Ma liberté, je l'ai trouvée
Dans un espace confiné.

Un cœur qui ne sait plus

Ce matin, une Lumière éclabousse
Mon réveil d'un nouveau regard
Oui, je suis née avec une date d'expiration
Un jour, arrivée ; demain, périmée

Ma vie est comme une voiture
J'ai accéléré tout le temps
Quand il suffisait d'appuyer et de relâcher
Pour que la voiture continue de rouler

À chaque fois que j'ai cru être ceci ou cela
C'était comme appuyer sur le frein.
Prise en tempête dans la vallée du petit Moi
Mes yeux aveuglés ont quitté la voie

Dans les moments où je m'inquiétais de la direction
Je me suis garée en pensant m'égarer
J'ai savamment élaboré de grandes décisions
Sans tourner le volant vers la félicité

Ce matin comme aucun autre matin
J'honore le mouvement qui me transporte
Et même si je ne sais rien de ma route demain
Je choisis de conduire là où le vent me porte.

Un jour, je suis née
À quoi me sert-il de m'inquiéter ?
Mieux vaut un cœur à nu
Qui ne sait plus et n'a jamais su

Retour de la fêlure

Ça a surgi comme un éclair dans la nuit
La grande fêlure fait son retour
Quoique j'ai cru l'avoir enterrée au loin.
Au moment où je sortais des nimbes du néant
L'emprise de celui qui m'a prise
Envahit soudain l'espace de mon refuge en Dieu.

Je me nettoie comme un chien mouillé
Sortant d'une rivière d'eau froide :
Que c'est long de se laver chaque jour,
D'extirper de sa pelure cinquante années
De crasse masquée sous une force apparente

Que c'est long de trouver en soi
Le chemin qui mène jusqu'aux sentiments forts
Jusqu'au renoncement suprême :
Tout cela doit quitter ce corps et ces pensées
Malgré l'ambivalence de mes sentiments

Je choisis de me laisser brûler, enfin,
À la vie comme elle vient,
Cesser d'être comme il faut.
Fatiguée de soulever les gravats et pierres qui obstruent le puits très profond
Où réside Celui dont je veux sentir la présence.

Je cherche dans le soleil et la nuit
La force – silencieuse et limpide –
Pour accepter en moi et dans ma vie un nouveau qui veut naître
Je ne te choisis plus petit père,
Car je veux m'unir au Père éternel.

Où es-tu, ma joie ?

J'ai perdu ma joie
Celle qui avait jailli des profondeurs
S'en est allée sur la pointe des pieds
Où es-tu ?
Un vide immense gît à ta place
Un vide que j'ai du mal à accepter

Je le comble par l'agitation
Je le cherche en me retirant seule dans les bois
Je le hume pour mieux m'y fondre
Et je lutte contre cet Autre qui veut que je l'épouse.
Pourtant je Te sais là, ma joie

Guettant Ton grand retour
J'affronte la béance de ma petitesse sans Toi
Je contemple mes rêves pour T'y retrouver
J'écoute le chant de mon corps à la recherche de Ton souffle
J'attends, je T'attends et Tu m'attends sûrement.

Un jour viendra, je le sais, je le veux
Où je percerai la coque qui protège Ton germe en moi
Où j'ouvrirai grand la porte de Ton espace
Par la grâce de Ta volonté
Pour que nos joies réunies louent la vie et l'amour.

Chercher en corps

Je scrute avec rancune le zafu
Qui me voit saturée de ton absence
Impossible de m'asseoir !
J'erre sur une route qui s'emballe
La tête prise dans l'asphalte gluant de mes jours

Debout, les mains sur l'espace de ma grotte
Je guette tout mouvement de vie, signe de sa Présence.
Un petit ver en forme de Yod y gigote mollement
Son balancement me berce
Et élance mon corps dans une folle danse

La puissance de ce corps vibrant
Sous l'emprise de la pulsion musicale qui le secoue
Efface d'un geste radical toute trace de doute
Aucun mot ne saurait décrire la force qui m'habite
Ça pulse, ça chuinte, ça crisse, ça sourit

À cet instant, ô, maître de ma vie
Tu es en corps

Dans nos entrailles

Le grand silence n'a pas son pareil
Pour ouvrir nos entrailles
Au mystère qui sommeille en nous

Là gît un espace infini
Une mer sans frontières
Qui engloutit nos pensées
Inonde nos trop-pleins d'émotions
Et révèle d'étranges peuples invisibles
Observateurs ahuris
De nos vagabondages désorientés

Là se creuse un abîme
A-t-il seulement un fond ?
Il faut bien que se créent les abîmes
Pour que s'y engouffrent
Les forces vives de la Vérité.
L'eau ne coule jamais
Que là où se lézarde la terre.

Là se goûte une présence
Qui nous veut accomplis.
D'un côté la lumière
De l'autre l'Amour ;
Nous avons à osciller entre
Pour nous déposséder de nous-mêmes
Illuminer nos misères
Apprendre à les aimer
Être la miséricorde
Ou bien l'implorer.

Là habite ce que la raison ignore
Ce qui me dirige
À travers la forêt sombre
De ma condition humaine
À tâtons, mais avec toujours plus de lumière
Orientation déterminée
Destination inconnue
Chemins escarpés
Mais certitude d'être guidé.

C’est vrai

C’est vrai que ce que je crois être n’est pas la vérité
Tel un tableau ancien recouvert de couches de couleurs du monde,
Je craquelle sous le poids des mythes et des histoires de mes ancêtres
Au point de chercher sans fin à retrouver le geste originel de l’artiste qui m’a fondée

C’est vrai que l’Amour est un « concept » usurpé
Aussi vide que la vénération d’un Bon Dieu idolâtré
Je m’ennuie sous le poids des mots et des gourous qui s’en vantent
Au point de maudire sans vergogne tandis que je rends grâce à une fleur

C’est vrai que quoi que j’espère, j’ai tout faux
Tel un animal accroché à sa proie je tiens mes espérances bien serrées contre moi
J’attends un lendemain plus rose pour échapper au no man’s land terrestre
Au point d’oublier que tout est là aujourd’hui, maintenant, tout de suite

C’est vrai que rien n’est vrai
C’est seulement ma vérité
Alors, ne me croyez pas
Mais aimez-moi malgré tout.

Ne te leurre pas

Ne te leurre pas
Ils disent que tout est simple
Mais rien n'est facile

Là où j'ai cherché un refuge
Je me suis trouvée sans abri

Là où je me pensais forte
Je me suis trouvée impuissante

Là où je voulais la vérité
J'ai rencontré des masques

Là où je croyais qu'une terre ferme pourrait accueillir mes fragilités
Je me suis trouvée déprotégée de tout, infiniment vulnérable.

Ne te leurre pas
Chacun mène son propre combat
À sa façon
Chacun avec ses armes ridicules
Pensant tuer l'ennemi de malheur
Au lieu de consentir à sa vie
Faite d'amour et de malchance
De force ou de violence
De fiertés et de maladie
On ne peut que débusquer en soi les douleurs palpitantes
Les couvrir de baisers et de paroles sincères

Ne te leurre pas
Mais persévère
Car dans la nuit des petits pas
Une étoile est toujours là.

Vacillements

Mes vacillements m'éclairent.
Par mégarde dans un premier temps,
Comme si j'avais mal fermé la nuit.
Puis, m'acceptant vacillante,
Je la vois qui insiste cette lumière.
Et quand je lui ouvre la porte,
Quand elle entre dedans,
Sa vibration peu à peu,
Timidement,
S'infiltre dans ce qui me pèse.

Ne pas réparer,
Ne pas panser,
Ne pas comprendre ni crier,
Mais laisser un instant mes blessures ouvertes.
Une minute.
C'est parfois long une minute.
Mais c'est étrangement bon.
Cela fait de moi un corps.
Un corps étrange et plein d'un silence qui parle.

Être la consolation

Heureux ceux qui savent, de manière intuitive, vers où se tourner lorsqu'ils sont dans la désolation.
Moi ce ne fut pas mon cas : à chaque chagrin, la solitude s'ajoutait à la souffrance.
J'étais brouillée avec le monde jugé dur et injuste
Coupée des autres que je voyais trop lointains, indifférents et insuffisants
Dégoûtée de moi-même, de n'avoir su éviter ce qui s'est passé
Et Dieu dans tout ça ? Absent justement.

Et puis un jour de grand cri, j'ai reçu toute la douceur du monde
Un petit chêne m'a susurré : « maintenant que tu as reçu, sois la consolation ».
Un chemin de sagesse jusqu'alors inconnu s'est ouvert sous mes pieds
Accueillir humblement que seule je ne peux rien
Me laisser être réconfortée par un ciel bleu, le chant d'un oiseau, la lumière du matin, la chaleur d'un regard,
Accepter le geste d'un ami, le sourire d'un inconnu qui me voit pleurer
Baisser la garde pour que soit vue ma petitesse
Être la consolation et consentir à ma désolation

Consentir

Consentir, n'est-ce pas le plus difficile ?
Quand dans les bavardages incessants de notre silence
Émergent tous les dragons que l'on croyait appartenir à autrui
Nous les voyons jaillir, gronder, hurler
Et ceux que nous croyions enfin abattus se débattre
encore, trépigner, occulter tout l'espace.

Consentir, n'est-ce pas le plus difficile ?
Quand dans la nuit profonde,
Nous entrons en insécurité dans notre propre corps
Prêts à tout pour chasser, piétiner ou bien fuir
l'insupportable de nous-mêmes.
Choisir nos armures de glace, plutôt que consentir.

Comme nous fuyons le lieu du sommeil quand les
cauchemars l'envahissent,
Nous ne consentons pas à rencontrer nos dragons
Pourtant, comme nous saluons l'inconfort des vertiges
qui traversent la vie de notre silence,
Pareillement nous pouvons saluer les dragons qui la
déchirent avec éclat.
Ne nous fions pas à leur violence, ne nous agrippons pas
à nos rives englouties.

Laissons-nous traverser, avec une délicatesse infinie,
Ouverts dans le silence vivant, sans hargne.
Nous ferons l'expérience alors que peu importent nos forces
La force du Tout Autre suffit à faire terre pour nos cœurs déracinés.
Consentir, c'est laisser ce Tout Autre nous prendre par la main.

Et c'est difficile.

S'asseoir et déposer les armes

S'asseoir dans le silence des sons du monde
Ne rien attendre, ne rien vouloir
Se laisser arriver ici.
Déposer les armes sur la simple terre des vivants
Et goûter l'espace désarmé, le ciel grand ouvert.

Percevoir, ce qui maintenant est à ressentir.
Peut-être la fatigue ou la vigilance.
Peut-être la tranquillité ou la colère.
L'anxiété ou la joie.
Ou bien l'agitation, La rage, La tristesse…
Déposons les armes pour dire OUI à ce qui est

Baissons la garde et revêtons notre vraie beauté.
Les tempêtes nous traversent : laissons faire.
La peur se dresse devant nous : laissons faire.
Nous : demeurons au cœur du vivant.
C'est lui qui nous garde
Libérons-nous de notre veille et naissons à la vie.
Il se peut qu'il y ait un trésor pour nous.

Ne rien attendre

Je voudrais tant ne rien attendre
Ne rien attendre de l'autre,
Ne rien attendre de la vie
Pas même attendre un avenir meilleur, un amour plus grand
Juste me laisser surprendre

Je voudrais tant ne rien attendre
Juste goûter par surprise cette main sur ma cuisse
La découvrir plus douce que je ne l'aurais cru
Juste aimer avec étonnement un cœur dur et fermé
Juste explorer le nouveau sans intention ni dessein

Je voudrais tant ne rien attendre
M'étonner d'instant en instant d'un ciel aux humeurs changeantes
Rencontrer les gens comme si je partais en voyage d'aventure
Vivre chaque minute comme si elle contenait toute ma vie
Avoir l'insouciance de l'enfant qui découvre le mouvement

Je voudrais tant ne rien attendre
Et à la vérité, Il est si difficile ce basculement intime
Comment ne pas espérer un lendemain plus vivant quand on est épuisé ?
Comment ne pas guetter le cœur battant le pas de l'être désiré ?
C'est parfois le désespoir qui nous accule à l'inconnu
plutôt qu'à l'impasse du supplice de l'attente

Je voudrais tant ne rien attendre
Et pourtant… je t'attends

Rester immobile

Il est un temps où cesser de marcher se fait nécessité.
Ça appelle.
Apprendre à être immobile pour apprendre à nous laisser mouvoir.
Ne pas devancer.
Ne pas vouloir deviner.
Ne pas interpréter.
Attendre.

Nous enraciner pour que cela nous soulève.
Abandonner notre poids pour que cela nous porte.
Nous confier à la terre pour que cela nous déploie vers le ciel.
Descendre sur notre sol pour que cela nous prenne à son cou.
Nous sommes sans cesse déjà partis :
Comment nous ouvrir ?
Accueillir la destination proposée ?
S'asseoir immobile
Et laisser filer la foule de nos mouvements.

Ne plus faire un pas.
Plus un seul ;
Se tenir immobile dans le silence, ce n'est pas fabriquer du vide.
C'est se donner une chance de rencontrer ce qui est là
Et qui palpite doucement dans notre ombre.
Ce n'est pas faire le mort,
C'est consentir à être vivant.
Juste vivant.

Chercher toujours

On cherche dans la nature des lieux doux où poser nos armures
Et lâcher les cris sauvages de nos animaux du dedans cachés sous la souillure

On cherche un refuge d'eau fraîche et de lacs inaccessibles
Pour laver les peaux accumulées en couche de nos vécus indélébiles

On cherche des histoires dans celles de nos ancêtres
Pour vérifier qu'elles ne sont qu'à eux alors qu'elles suintent dans nos artères

On cherche des cadavres qu'on tire des placards, des lits sales et des lapsus
Pour en faire des légendes quand ça pue trop la vase dans nos corps diplodocus

On cherche le moindre filet de lumière sous la porte fermée
La plus petite fleur au milieu des décombres ou du lisier

On cherche les perles au cœur des rêves pendus aux branches de la nuit
Un maître, un gourou, un prêtre, un livre, une tradition, une pratique qui puisse enfin nous aider à trouver

On cherche toujours dans l'espoir de cueillir la clé du bonheur, de l'harmonie et de l'équilibre

Et un jour on sait que ce que l'on cherche tous se nomme aussi « infini amour »
Ça appelle fort
Et c'est au creux de nous-mêmes

Ne pas trouver n'est pas un échec
Et si on trouve parfois
Cela n'est pas réussir
Cela s'appelle aimer

Voir son arrogance

Un beau jour
Tu sais ton arrogance à t'être cru meilleur que les autres
du haut de ta cape de bon samaritain sachant
Tu baisses les yeux devant le monde que tu as jugé mauvais
Tu pardonnes à ceux qui ont laissé leur vie dans la tienne
et adressé des balafres à déchirer tes nuits
Tu déposes sur l'autel de l'oubli, les petites phrases qui
t'ont cloué sur La Croix de l'infinie solitude
Tu acceptes que ceux que tu aimes ne soient pas en
mesure de répondre à ces attentes reflets de tes manques
et projections

Et enfin,
Tu te pardonnes d'être si fragile et vulnérable, effrayé
comme une fleur nue de pétales à l'abord de l'hiver et
qui, sur le point de disparaître sous terre, ne sait pas
encore le renouveau qu'elle sera.

Moi, je veux

Certains disent
Ma ville est trop polluée
Le monde de l'entreprise est trop violent
Les gens sont trop irresponsables
Mon conjoint est trop égoïste

Je veux la paix
Je veux l'amour
Je veux la joie
Je veux être connecté à Dieu

Si nous cherchons Dieu
Nous ne verrons que Dieu
Qu'est-ce que vouloir transformer le monde veut dire ?
Il n'y a pas une équipe de Dieu pour le faire !
Où que nous regardions
Nous voyons ce que nous cherchons
Dans nos quartiers bétonnés
Chez nos voisins malades
Au milieu de nos collègues

En toute chose, puissions-nous voir que cela est là !

Un désencombrement s'impose

On ne s'en rend pas compte
On ne le soupçonne même pas
On croit même que l'on progresse vers soi
On se dit qu'on se connaît mieux
On se prétend créateur de sa vie
On justifie nos fautes par notre histoire
On se glorifie de notre capacité à dire « Non »
On se fie à nos sentiments pour discerner
On cherche à pister les messages de l'inconscient
espérant nous en libérer
On arbore la cape des chevaliers du bien et du juste
On jeûne, on pratique le yoga, on médite
On se pense moins puéril que les bigotes, les fanatiques
ou les éthérés New âge en pratiquant une spiritualité
choisie ou en revendiquant un humanisme conscient
On se remplit de livres, de podcast, d'enseignements pour
mieux de saisir les mystères de la vie, des relations, de
l'amour…
Tant et tant que Dieu n'arrive plus à passer
…
Ce « on » je m'y reconnais

Désencombre-toi ! me dit la vie
Et je réponds « Oui ! Pardon. »

Désert de désirs

Faut-il savoir mourir un peu,
Laisser le soleil du désert nous assécher pour revivre une montée de sève ?

Parfois je ne désire rien
Ni m'éveiller,
Ni m'endormir,
Ni rêver,
Ni même écrire.

Parfois je ne désire rien
Ni les grands arbres du dehors,
Ni le printemps brusque et coupant,
Ni l'été aveuglant.

Parfois je ne désire rien
Ni l'eau fraîche sur mon visage au matin,
Ni le parfum du pain,
Ni le sucre,
Ni chant,
Ni cri,
Ni voix amie

Rien,
Je ne désire rien,
Pas même la fin de mon poème.

Je ne désire rien que cet instant sans désir

Revenir au simple

Un jour, il est vu que la recherche doit s'arrêter…
On ne peut passer sa vie à chercher.
J'apprivoise la certitude que CELA ME TROUVERA.
Je cesse de faire des efforts.
J'abdique…
J'abandonne ma prétention aux absolus
Je m'abandonne simplement.

Une profonde détente s'installe,
Il n'y a plus d'attentes.
Il ne reste que ce qui est,
C'est tout.
C'est simple… enfin simple !
À quoi bon toute cette recherche,
Pourquoi ? Pour qui ? Qui cherche ?
Un sentiment de futilité voit le jour,
Le début de la liberté ?
Je me sens déjà mieux… plus légère… plus insouciante
Même s'il n'y a pas de prise de conscience
La quête spirituelle s'arrête lorsqu'il est vu qu'il n'y a
rien à trouver.
Rien.

Tout est là, ici et maintenant.
Il s'agit d'ouvrir les yeux
Les expériences me traversent… sans laisser de traces.
Peu à peu apparaît l'évidence que :
JE NE SAIS PAS
JE N'AI AUCUN POUVOIR
JE N'AI PAS DE LIBRE ARBITRE
OU SI PEU

Dépouillée de l'attachement à tout savoir, à tout pouvoir et à tout avoir, la vie est simple et légère.
L'erreur était de chercher… de chercher avec ma tête.
Quand disparaît ce qui cherchait le Soi, l'immensité se dévoile.
Ici, ensemble, sur notre terre

Honorer l'amour

Comment honorer l'amour ?
Le bercer d'authenticité
Le laisser nous creuser
Apprécier ses nuances
Refuser le sacrifice
Engager tout notre corps
Dépasser nos terreurs
Clarifier nos engagements
Effacer nos doutes
Enlacer notre différence
Éveiller nos cœurs

Comment honorer l'amour ?
Oser s'y abandonner
Oser se tromper
Se pardonner
Recommencer
Ne jamais renoncer
S'enflammer encore
Accepter
Ouvrir grand
Apprendre
Et laisser faire l'amour

Seigneur que ton souffle d'amour me transperce !

Aller nue

Que c'est lourd et pesant
Tous ces conditionnements
Qui me laissent engoncée
D'une identité empruntée

Je voudrais aller nue
Mon corps offert à Son souffle
Guidée selon Sa volonté
Sur le chemin de la liberté

Enlevez-moi ces colères
Ces oripeaux de misère
Retirez-moi ce costume irritant
Venu d'un autre temps

Je voudrais aller nue
Sur les chemins ingénus
Des vestales impudiques
Au service de l'Unique

Le grand silence

Les mots qu'on murmure
Depuis le monde bruyant
Sont des cascades de notes
Sur le voile du pur silence.

Je viens du grand silence
L'endroit où Il n'y a rien
Le lieu où il y a tout
Un vide plein de nous

Quand dans le grand silence
Je revis l'innocence
Du bébé qui reçoit
Le parfum de son essence

Je me fais transparence
Tuyau de Sa lumière
Terre d'accueil éphémère
Coupe du souffle divin

Et à sa douceur immense
Je m'abandonne en silence.

Le souffle du chant

Il pousse,
Il gémit,
Il crie de n'être pas toujours reçu,
Il nous tente et nous hante.
Le chant est en chacun de nous,
Une rivière souterraine transportant les alluvions des profondeurs de notre être.
Un souffle suffit pour le sortir hors de notre poitrine
Et laisser le grand souffle emporter les scories de notre poussière.

Laisser couler son chant, même un tout petit filet,
C'est rompre les barrages,
Les empêchements,
Les armures,
Les muselières,
Les interdits.
Toutes ces entraves à l'expression du « Je suis »
Qui, comme une graine empêchée de libérer son essence
Perce au printemps, la terre lourde et aride.
Cette soif de chanter,

Parfois douloureuse,
Est un apprend-tissage qui maille l'âme au cœur,
À vous chatouiller les cellules.

Laisser jaillir le chant
C'est s'ouvrir à la grâce de recevoir les vibrations
Qui s'invitent à danser en tourbillonnant dans le champ d'autres chants :
Particules fines d'un invisible qui jubile de la voie d'une co-création d'amour.

Qu'il se murmure au fond d'une sombre caverne
Ou sous les lumières d'une scène de spectacle,
On le cherche autant qu'il nous cherche,
Celui que l'on appelle le chant de l'être.

Viens !

M'appelles-tu, mon bien-aimé ?
Sans ta main pour me rejoindre
Je ne puis délier les nœuds qui me ligotent.
Mon vouloir de femme est trop crispé
Pour recevoir ton étreinte charnelle.
Je serre les cuisses tout en tendant mes bras vers toi
Je bute,
Je te cherche
Impossible de te voir ni de t'entendre
Je peux juste te percevoir
Là, tranquille et doux
Là où les portes sont encore closes

Me veux-tu vraiment, mon bien-aimé ?
Je languis.
Mon attente est comme un labyrinthe
Sous la menace d'un minotaure que ma soif inassouvie
excite
Je fouille chaque recoin de mes obscurités
Avec un vouloir qui se fait torche éteinte
Obstruant la voie du désir

Où se répètent les mêmes impasses,
L'inaccessible rencontre d'amour
La frustration d'une quête impossible
L'espérance de toute une vie

Je te veux encore et encore mon bien aimé
Et je dépose sur la terre
Mains en coupe et genou fléchi
Une prière venue du fond de mes entrailles
Comme un cri suppliant la pitié
Viens ! Et Demeure en moi
Délivre-moi de tout ce qui fait obstacle à nos retrouvailles
Libère-moi du sort infâme du féminin meurtri
Transmute mes rages en amour
Désintègre mon esprit en overdose de pensées
Et pénètre amoureusement mon cœur
Amen

Confessions sur les affres de mon désir d'infini

Je vous parle d'un lieu assoiffé qui aspire à se déposer dans l'espace infini de tous les possibles comme un bébé s'abandonne dans les eaux chaudes du ventre de sa mère.

Un abandon asphyxié par le froid de l'existence où la petite fille ici-bas, a sacrifié sa danse exubérante de joie pour les miettes d'un amour conditionné aux attentes de sa race.

Ma peine dans le ventre et mon âme dans la main, j'ai connu la misère d'une condition humaine coupée de sa source qui cherche sans relâche le lieu de l'unité et de l'amour infini.

Comme le fils prodigue, me perdre et m'éloigner se fit nécessité pour me reconnaître fille égarée désireuse de rentrer dans sa véritable maison. J'ignorais tous les détours que j'allais emprunter et emprunte encore.

Comme une louve affamée dans un brouillard d'automne, j'ai marché dans l'obscurité de l'avenir à la recherche de frères et sœurs complices de l'ailleurs : je les ai déifiés quand ils étaient aussi affamés que moi.

Comme une bête cachée dans un feuillage, je me suis indignée des choses cruelles logées dans les poitrines humaines, et ai pactisé avec le jugement, le savoir qui donne du pouvoir pour me croire différente tout en me jugeant moi-même.

Comme Jeanne D'Arc chevauchant un poney en guise de destrier, j'ai porté l'étendard d'absolus comme la conscience, la responsabilité, la vérité me coupant ainsi de l'infini où le bien et le mal n'existent pas.

J'ai pris une place dans le monde, comme un chaton revendique la mamelle de sa mère, me croyant autrice de ma vie, capable de dépasser à coup de « travail sur soi » les transgressions de ma lignée et celles que mon corps a subies

Comme un clown qui amuse la galerie pour planquer son désespoir, je me suis chargée de la souffrance d'autrui pour dissimuler la mienne : si nul n'était moi là pour moi, j'ai pensé être là pour l'autre, drapée du voile de ma suffisance spirituelle.

Comme un voyageur errant, j'ai plongé dans un paysage intérieur que je croyais vide, creusé par la béance de mes manques et blessures et j'y ai rencontré les passeurs, les démons et les anges dont mes rêves nocturnes allaient paver la route.

De longues marches plus tard, armes déposées à terre, j'ai dansé au rythme des tambours et des battements du cœur de la Terre pour expulser les soubresauts de mes confusions, et contaminations archaïques.

Ainsi, dans le multivers révélé de mon existence j'ai petit à petit détourné mon regard de moi pour me laisser être regardée par la Source. Qui suis-je vraiment ? Je suis devenue la question sans réponse.

Et quant à bout de souffle j'ai cessé de courir dans l'espace du fini, désir en bandoulières et cœur à découvert, j'ai honoré mon désir en choisissant de m'ouvrir à recevoir l'être infini donné par le mystère de ma naissance.

Car là est mon désir
Être infiniment là
Orientée vers l'infini
Ouverte à recevoir
Simplement
Tournée vers la source de qui je suis en vérité et en unité,
Sans tension
En me prenant telle que je suis aujourd'hui

En prenant l’autre tel qu’il est aujourd’hui
Me laissant être fécondée
Un désir qui m’est essentiel mais qui dépasse largement mes possibilités humaines
Un désir qui n’est pas un vouloir

Alors de grâce,
Que je puisse être guidée comme le pèlerin qui, pas après pas, saison après saison, arpente le chemin et ses rudesses, soumis joyeusement à l’impromptu qui le mène inexorablement en ce lieu sacré qui se cache en lui-même.

Postface
La voie du pèlerin : une façon d'être au monde

Compostelle, comme d'autres pèlerinages, rencontre un succès croissant ces trente dernières années. Plus d'un demi-million de pèlerins en 2021 contre moins de 5000 en 1991.

Est-ce la destination qui fait de nous un pèlerin ou une attitude à intégrer dans nos vies quotidiennes ?

Dans ces longues marches itinérantes, chaque pèlerin chemine avec des intentions variées mais avec le même point commun : **la marche.**

Faire le choix d'avancer pas à pas au long cours est une philosophie de vie.

Un contrepied à notre société dans sa course effrénée contre le temps.

Le « départ » est un autre point commun. Marcher en itinérance implique de quitter nos habitudes, nos proches, nos conforts, nos sécurités.

La bible l'évoque dès la genèse : L'Éternel dit à Abraham *Lek lehka*[1] (traduction de l'hébreu « Quitte ton pays, ta famille et va vers toi »). En quittant nos attachements, nous grandissons. Nous affrontons nos peurs. Nous échouons parfois aussi.

Être pèlerin nous invite à plus encore.

Perigrinus, l'étranger, l'homme de passage, vient en échos aux propos du Christ dans les évangiles de Thomas : « Soyez passants[1] ».

Loin de la performance du sportif, de la curiosité du touriste, ou du plaisir du randonneur : le pèlerin oriente son désir vers un but spirituel. Un chemin à la fois horizontal, pour avancer dans la vie, et vertical, pour s'élever vers la dimension la plus élevée de notre être.

Ainsi sommes nous, disent les Pères, sur la terre comme en pays de transit, et il faudrait toujours voir sa maison comme le refuge d'une nuit, ses biens comme un paquetage délestable, ses amis comme des gens rencontrés sur le bord des chemins[2].

Et parfois, au détour d'un bosquet, loin de nos rôles et de nos masques, nous devenons pèlerins : grâce à une parole, un paysage merveilleux, une épreuve qui nous ouvre le cœur. Notre désir se réoriente vers la connexion à cette « source de tout ce qui vit et respire ».

« Être au monde comme un pèlerin » serait alors s'engager à vivre sa vie selon 3 vœux.[3]

---

[1] Évangiles de Thomas, logion 42.

[2] *Marcher une philosophie*, Fréderic GROS, 2011 – Ed. Flammarion

4 *Récits d'un pèlerin russe*, Poche 2014.

[3] Séminaire-conférence de Jean-Yves Leloup en 2007.

Le vœu d'anamnèse

Anamnèse signifie se souvenir.

Le pèlerin marche en se souvenant de la vie qui le fait vivre, du souffle qui le fait respirer et de l'Être qui le fait être. Chaque pèlerin a sa pratique ou son ascèse : la prière du cœur du pèlerin russe[4], la prosternation psalmodiée du pèlerin bouddhiste, etc.

Toutes les traditions morales et spirituelles encouragent en effet les hommes à être reconnaissants les uns envers les autres et à remercier la destinée, Dieu ou la nature, des bienfaits qu'ils reçoivent.

L'anamnèse, c'est faire mémoire que rien ne nous est dû, que tout est don.

À l'heure où l'abondance d'énergie et de produits se tarit, honorer la vie et ce qu'elle nous offre nous éviterait le bruit de la plainte souvent plus fort que celui de la gratitude.

Le vrai voyage ne consiste pas à voir de nouveaux paysages, mais à changer de regard.

Proust

Le vœu de légèreté

Le pèlerin marche léger, pour s'alléger et être léger pour les autres.

Dans nos vies, cet état d'esprit nous invite autant à la sobriété matérielle qu'au désencombrement de nos esprits.

Le silence, la solitude, l'ennui sont rares dans nos quotidiens alors qu'ils sont essentiels pour libérer nos esprits de « to do list », de « projets », de « podcast », de « plaisirs » à satisfaire.

Nous alléger de toutes nos identités sociales, de nos masques de prétention (y compris nos prétentions spirituelles), de nos quêtes de reconnaissance, de sécurité et d'amour.

Le vœu de « Ultreia »

Ultreia est une expression latine, une interjection de joie que se lançaient les pèlerins du Moyen Âge pour se donner du courage.

Un cri qui pousse au mouvement et à l'exploration.

L'esprit pèlerin est alors une invitation à accueillir chaque journée comme une opportunité de grandir « Celui qui ne peut dire un humble "oui" à ce que le chemin lui offre n'est pas pèlerin », enseigne le moine errant, Ramdas[4]. Ultreia est un chemin d'ouverture du cœur à une intelligence qui nous dépasse, à l'inverse d'une course à l'amélioration continue.

Nous sommes pèlerins, en marche, en chemin, vers quel éveil ?

Jean-Yves Leloup[5], prêtre orthodoxe et auteur de nombreux ouvrages, évoque les passages inhérents à la mise en œuvre de ces vœux du pèlerin.

« De passage sur la terre, nous avons à découvrir le sens de cette marche et de cette fatigue qui nous assaille au tournant. Nous sommes parfois déçus par les mots, qui nous font miroiter un trésor à notre portée et s'avèrent si

---

[4] *Carnet de pèlerinage* – Swami Ramdas – 2007 – Albin Michel.

[5] *La voie du pèlerin* – Jean-Yves Leloup – 1997 – Terre blanche association.

difficiles à atteindre. Comment voir la lumière quand nous ne voyons pas clair et que notre esprit est embrouillé ?

Comment rejoindre l'amour divin avec mot sur les lèvres mais sans le goût dans le cœur, lorsque notre voisin nous insupporte ou que nous haïssons nos ennemis ? »

Voilà les énigmes que chaque pèlerin fait vœu d'interroger en chemin, et que chacun dans nos vies pouvons porter comme on porte un petit enfant ; car au fond, dans l'initiation du pèlerin, il s'agit bien de naître à nouveau à une autre dimension de nous-mêmes.

Flavienne Sapaly

Table des matières

Imprimé en Allemagne
Achevé d'imprimer en octobre 2023
Dépôt légal : octobre 2023

Pour

Le Lys Bleu Éditions
40, rue du Louvre
75001 Paris

www.ingramcontent.com/pod-product-compliance
Lightning Source LLC
Chambersburg PA
CBHW062346010826
49168CB00024B/285

* 9 7 9 1 0 4 2 2 0 8 9 9 8 *